shule - مكتب   2
usafiri - سفر   5
usafiri - حمل و نقل   8
jiji - شهر   10
mazingira - چشم انداز   14
mgahawa - رستورانت   17
dukakuu - سوپر مارکیت   20
vinywaji ها - نوشیدنی   22
chakula - غذا   23
shamba - مزرعه   27
nyumba - خانه   31
sebuleni - اطاق نشیمن   33
jikoni - آشپزخانه   35
bafu - حمام / دستشویی   38
chumba ya mtoto - اطاق اطفال   42
nguo - لباس   44
ofisi - دفتر   49
uchumi - اقتصاد   51
kazi ها - شغل   53
zana - ابزار   56
ala za muziki - آلات موسیقی   57
bustani ya wanyama - باغ وحش   59
michezo ها - ورزش   62
shughuli ها - فعالیت   63
familia - فامیل   67
mwili - بدن   68
hospitali - شفاخانه   72
dharura - عاجل   76
dunia - زمین   77
saa - ساعت   79
wiki - هفته   80
mwaka - سال   81
maumbo ها - شکل   83
rangi ها - رنگ   84
kinyume ها - متضاد   85
nambari - اعداد   88
lugha ها - زبان   90
ambao / nini / jinsi - کی/چی/چطور   91
wapi - کجا   92

Impressum
Verlag: BABADADA GmbH, Nedderfeld 112 , 22529 Hamburg
Geschäftsführer / Verlagsleitung: Harald Hof
Druck: Books on Demand GmbH, In de Tarpen 42, 22848 Norderstedt

Imprint
Publisher: BABADADA GmbH, Nedderfeld 112 , 22529 Hamburg, Germany
Managing Director / Publishing direction: Harald Hof
Print: Books on Demand GmbH, In de Tarpen 42, 22848 Norderstedt

shule

مکتب

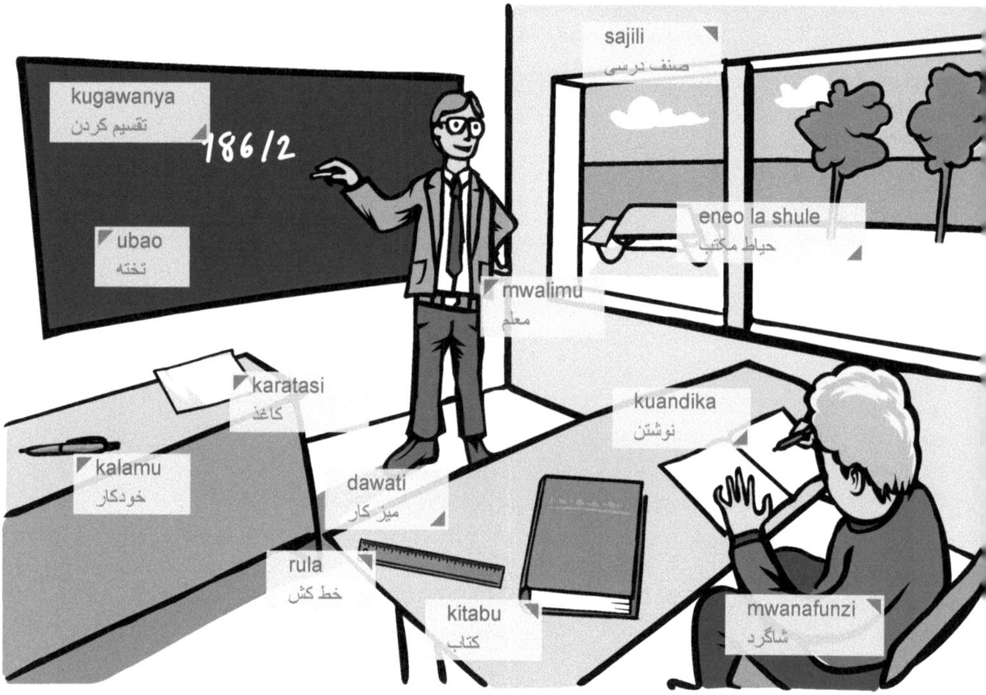
sajili
صنف درسی
kugawanya
تقسیم کردن
186/2
ubao
تخته
eneo la shule
حیاط مکتب
mwalimu
معلم
karatasi
کاغذ
kuandika
نوشتن
kalamu
خودکار
dawati
میز کار
rula
خط کش
kitabu
کتاب
mwanafunzi
شاگرد

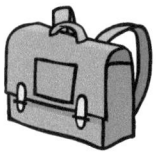

mkoba

بیگ مکتب

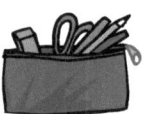

kikasha cha penseli

قلم دانی

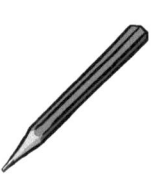

penseli

پنسل

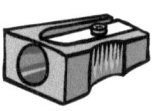

kichonga penseli

پنسل تراش

mpira

پنسل پاک

pedi ya kuchora

کتابچه رسم

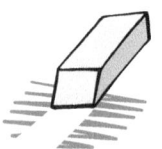

uchoraji

نقاشی

brashi ya rangi

برس رنگ زنی

sanduku la rangi

بکسک رنگه

mkasi

قیچی

gundi

سریش

daftari

کتاب تمرین

kazi ya nyumbani

کار خانگی

nambari

عدد

jumlisha

جمع کردن

ondoa

تفریق کردن

zidisha

ضرب کردن

kokotoa

حساب کردن

barua

حرف

alfabeti

الفبا

neno

کلمه

maandishi

متن

kusoma

خواندن

chaki

تباشیر

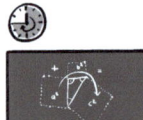

somo

درس

sajili

ثبت نام

uchunguzi

امتحان

cheti

تصدیقنامه

sare za shule

یونیفورم مکتب

elimu

تحصیل

elezo

دانشنامه

chuo kikuu

پوهنتون

darubini

مایکروسکوپ

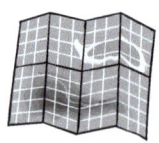

ramani

نقشه

kikapu cha kuweka karatasi chafu

سبد کاغذ باطله

usafiri
سفر

hoteli
هوتل
Grand
hosteli
لیلیه
ROOMS
ofisi ya ubadilishanaji
دفتر صرافی
CHANGE
sanduku
بیگ سفری
gari
موتر

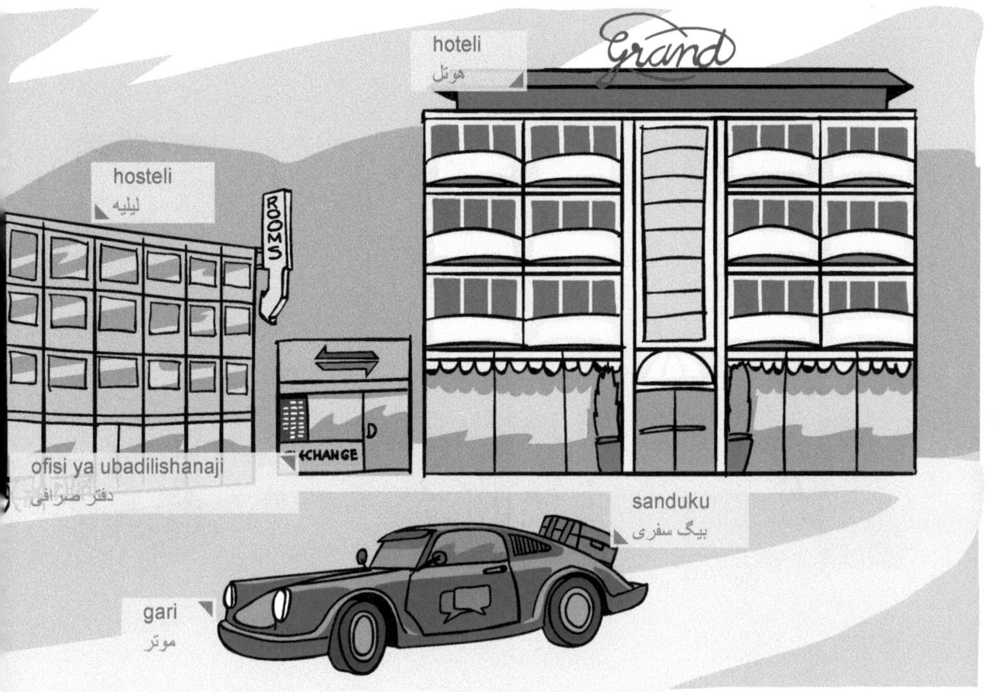

lugha
زبان

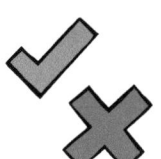

ndiyo / la
بلی / نخیر

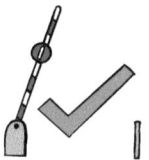

sawa
بسیار خوب

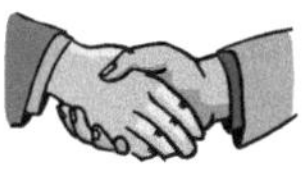

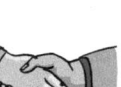

hujambo
سلام

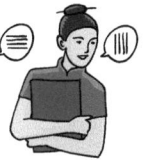

mtafsiri
مترجم

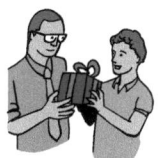

Asante
تشکر از شما

kiasi gani ni ...?

قیمتش چقدر است؟

Sielewi

نمی فهمم

tatizo

مشکل

Jioni njema!

عصر بخیر! / شب بخیر!

Habari za asubuhi!

صبح بخیر!

Usiku mwema!

شب بخیر!

kwa heri

خداحافظ

mwelekeo

مسیر

mizigo

بار مسافر

mfuko

بیگ

shanta

بیگ پشتکی

mgeni

مهمان

chumba

اطاق

begi la kulalia

بستره خواب سیار

hema

خیمه

taarifa ya utalii

معلومات توریستی

ufuo

ساحل

kadi

کردیت کارت

kifunguakinywa

صبحانه

chakula cha mchana

طعام چاشت

chakula cha jioni

غذای شام

tiketi

تکت

kuinua

لفت

muhuri

مهر

mpaka

مرز

mila

گمرک

ubalozi

سفارتخانه

visa

ویزه

pasipoti

پاسپورت

usafiri

حمل و نقل

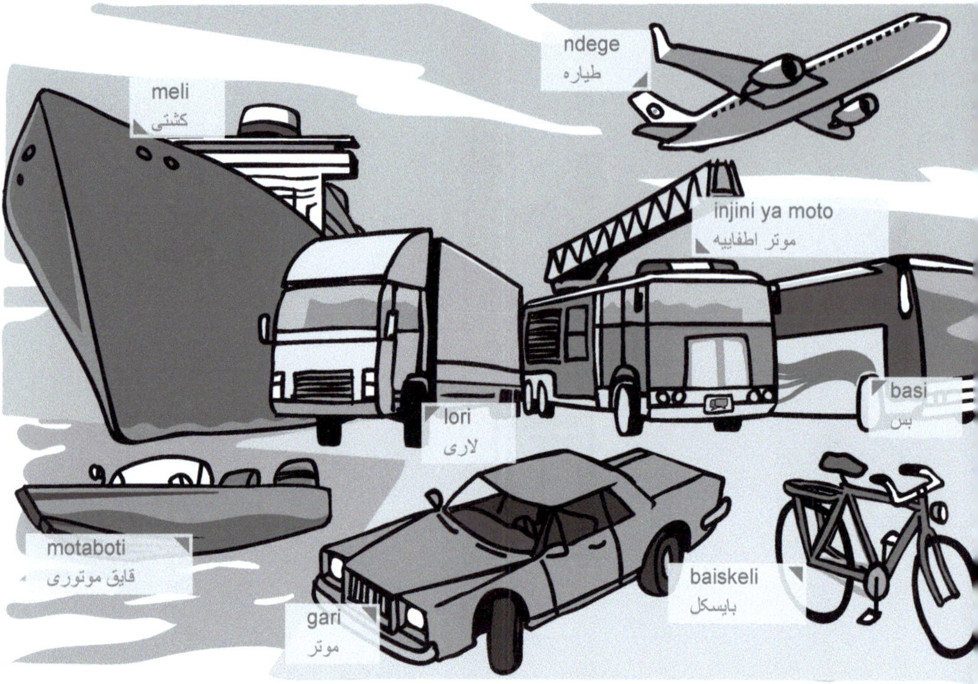

ndege
طیاره
meli
کشتی
injini ya moto
موتر اطفاییه
lori
لاری
basi
بس
motaboti
قایق موتوری
baiskeli
بایسکل
gari
موتر

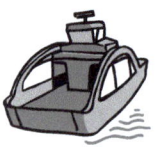

feri
کشتی

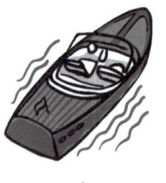

mashua
قایق

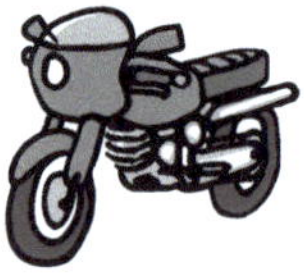

pikipiki
موترسایکل

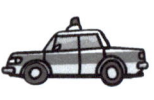

gari la polisi
موتر پولیس

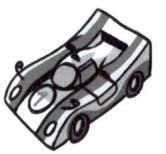

gari la mashindano
موتر مسابقه

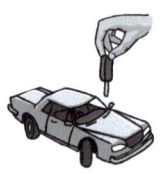

gari la kukodisha
موتر کرایی

kushiriki gari

اشتراک وسایط

lori la kuvuta

جرثقیل

ukusanyaji taka

موتر حمل زباله

motor

موتور

mafuta

تیل

kituo cha mafuta

تانک تیل

ishara trafiki

علامت ترافیکی

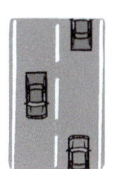

trafiki

عبور و مرور

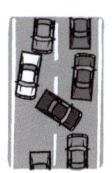

msongamano

راهبندان

maegesho

پارک وسایط

kituo cha treni

ایستگاه ریل

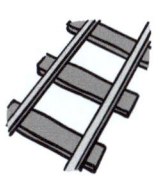

reli

خط ریل

garimoshi

ریل

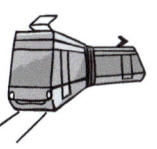

tremu

ریل برقی

gari la mizigo

واگن

helikopta

هلیکوپتر

uwanja wa ndege

میدان هوایی

mnara

برج

abiria

مسافر

chombo

کانتینر

katoni

کارتن

mkokoteni

گادی

kikapu

سبد

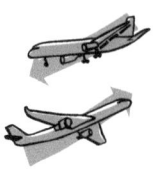

ondoka

پرواز کردن / فرود آمدن

jiji

شهر

kijiji

قریه

katikati ya jiji

تیاتر شهر

nyumba

خانه

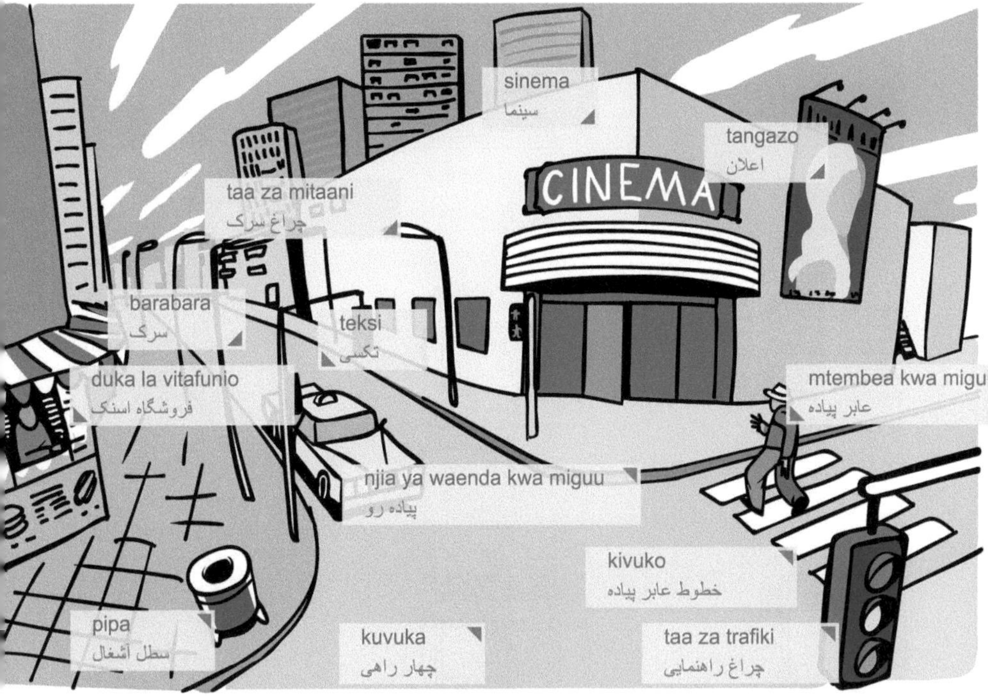
sinema
سینما
tangazo
اعلان
CINEMA
taa za mitaani
چراغ سرک
barabara
سرک
teksi
تکسی
duka la vitafunio
فروشگاه اسنک
mtembea kwa migu
عابر پیاده
njia ya waenda kwa miguu
پیاده رو
kivuko
خطوط عابر پیاده
pipa
سطل آشغال
kuvuka
چهار راهی
taa za trafiki
چراغ راهنمایی

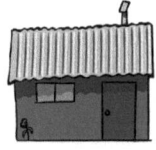

kibanda

کلبه

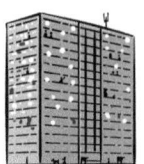

gorofa

آپارتمان

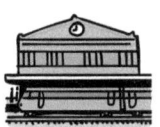

kituo cha treni

ایستگاه ریل

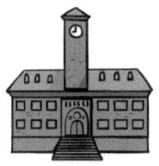

ukumbi wa mji

تالار شهر

MUSEUM

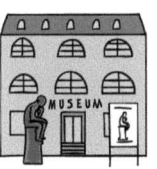

Makavazi

موزیم

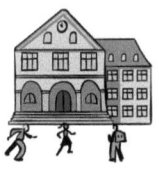

shule

مکتب

chuo kikuu

پوهنتون

benki

بانک

hospitali

شفاخانه

hoteli

هوتل

duka la dawa

دواخانه

ofisi

دفتر

duka la kitabu

کتابفروشی

duka

مغازه

duka la maua

گل فروشی

dukakuu

سوپر مارکیت

soko

فروشگاه

idara ya kuhifadhi

فروشگاه

mwuza samaki

ماهی فروشی

kituo cha ununuzi

مرکز خرید

bandari

بندر

Hifadhi

پارک

benki

دراز چوکی

daraja

پل

vidato

زینه ها

chini ya ardhi

مترو

handaki

تونل

kituo cha mabasi

ایستگاه بس

bar

میخانه

mgahawa

رستورانت

sanduku la posta

صندوق پست

ishara ya barabara

علامت سرک

mita ya maegesho

ماشین پارکو متر

oustani ya wanyama

باغ وحش

kidimbwi cha kuogelea

حوض آببازی

msikiti

مسجد

shamba

مزرعه

uchafuzi

ألوده گی

makaburini

قبرستان

kanisa

كليسا

uwanja wa michezo

ميدان بازى

hekalu

معبد

mazingira

چشم انداز

jani
برگ

ishara ya mwelekeo
لوحه

njia
راه

malisho
علفزار

jiwe
سنگ

mtembeaji wa masafa
كوهنورد

mti
درخت

mto
دريا

nyasi
علف

ua
گل

bonde

دره

kilima

تپه

ziwa

دریاچه

msitu

جنگل

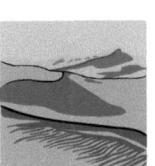

jangwa

صحرا

volkano

آتشفشان

ngome

قلعه

upinde wa mvua

رنگین کمان

uyoga

سمارق

mtende

درخت آلو

mbu

پشه

kuruka

مگس

chungu

مورچه

nyuki

زنبور

buibui

عنکبوت

mende

قانغوزک

chura

بقه

kuchakuro

موش خرما

nungunungu

خارپشت

sungura

خرگوش صحرایی

bundi

بوم

ndege

پرنده

swan

مرغابی

nguruwe mwitu

خوک وحشی

kulungu

گوزن

aina ya kongoni

گوزن شمالی

bwawa

بند آب

tabo ya upepo

توربین بادی

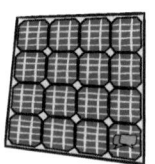

nishaji ya jua

صفحه خورشیدی

hali ya hewa

آب و هوا

mgahawa
رستورانت

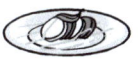

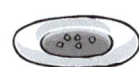

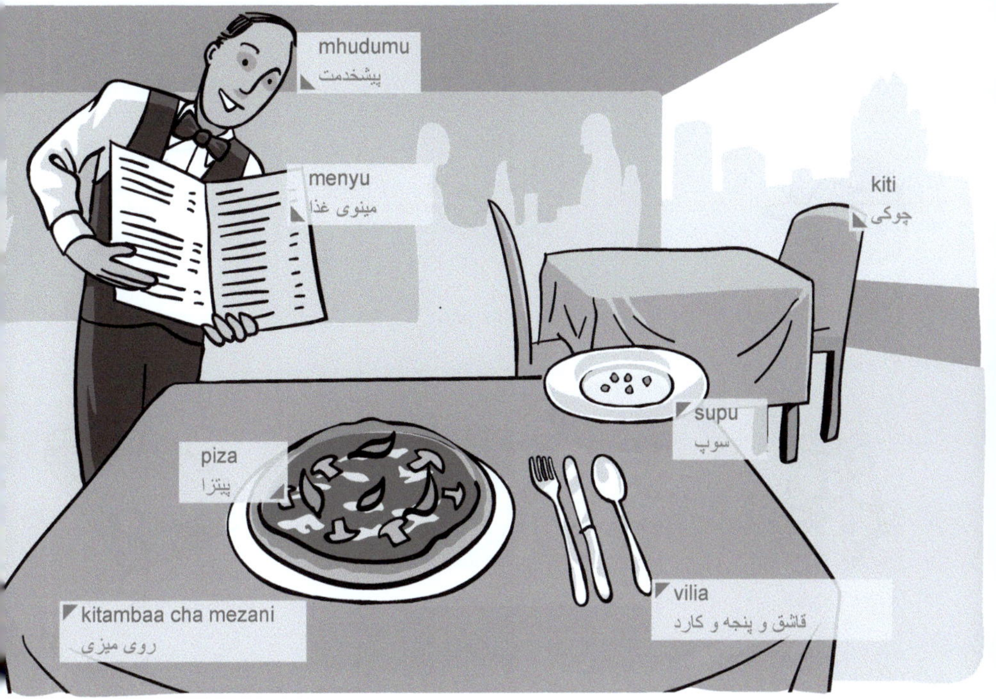
mhudumu
پیشخدمت
menyu
مینوی غذا
kiti
چوکی
supu
سوپ
piza
پیتزا
vilia
قاشق و پنجه و کارد
kitambaa cha mezani
روی میزی

kiamsha hamu

پیش غذا

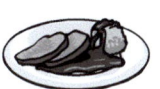

kozi kuu

غذای اصلی

kitindamlo

شرینی

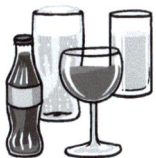

vinywaji

نوشیدنی ها

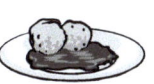

chakula

غذا

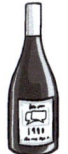

chupa

بوتل

chakula cha haraka

فاست فود

Streetfood

غذای کنار سرک

buli

چاینک/ترموز

kisanduku cha sukari

قندانی

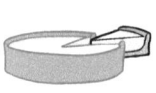

sehemu

بخش غذا

mashine ya espresso

دستگاه اسپرسو

kiti kirefu

چوکی بلند

muswada

بل

trei

پطنوس

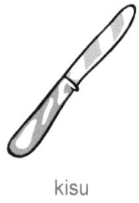

kisu

چاقو

uma

پنجه

kijiko

قاشق

kijiko cha chai

قاشق چای خوری

nepi

دستپاک دسترخوان یا میز

glasi

گیلاس

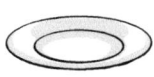

sahani

بشقاب

sahani ya supu

بشقاب سوپ

sufuria

نعلبکی

mchuzi

چٹنی

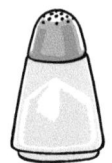

kichanyaji chumvi

نمکدان

kinu cha pilipili

آسیاب مرچ

siki

سرکه

mafuta

روغن خوراکی

viungo

ادویه

kechapu

کچاپ

haradali

ساس خردل

kachumbari nzito

مایونز

dukakuu

سوپر مارکیت

ofa maalum
پیشنهاد خاص
FOR
mteja
مشتری
maziwa
لبنیات
matunda
میوه
toroli
چرخ دستی

BUTCHERS

mchinjaji

قصابی

BAKERY

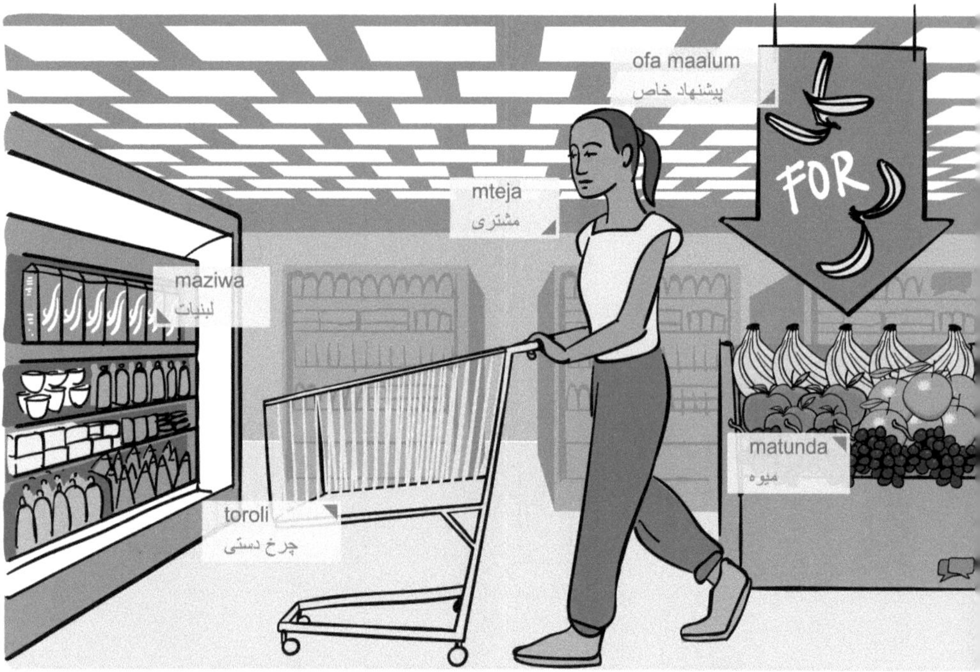

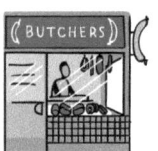

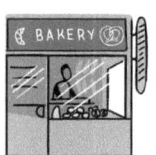

mwokaji

نانوایی

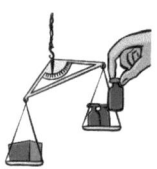

uzito

وزن کردن

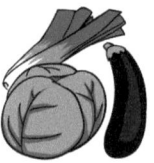

mboga

سبزیجات

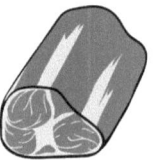

nyama

گوشت

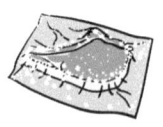

chakula waliohifadhiwa

غذای منجمد

ande vya nyama baridi

غذای سرد

chakula cha kopo

غذای کنسر شده

sabuni ya unga

پودر رختشویی

pipi

شیرینی

bidhaa za kaya

لوازم خانگی

bidhaa za kusafisha

محصولات پاک کننده

mtu mauzo

فروشنده

mpaka

دخل پیسه

keshia

صندوقدار

orodha ya manunuzi

لست خرید

masaa ya ufunguzi

ساعات کاری

mkoba

بکسک جیبی

kadi

کریدیت کارت

mfuko

بیگ

mfuko wa plastiki

بیگ پلاستیکی

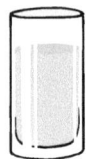

maji

آب

sharubati

جوس

maziwa

شیر

coke

نوشابه

mvinyo

شراب

bia

بیر

pombe

الکول

kakao

ککو

chai

چای

kahawa

قهوه

spreso

اسپرسو

kapuchino

کاپوچینو

ndizi

كيله

tufaha

سيب

machungwa

مالته

tikiti

تربوز

lemon

ليمو

karoti

زردگ

kitunguu saumu

سير

mianzi

چوب خيزران

kitunguu

پياز

uyoga

سمارق

karanga

مغزيات

nudo

آش

spageti

مكرونى

mpunga

برنج

saladi

سلاد

vibanzi

چیپس

viazi vya kukaanga

كچالو سرخ كرده

piza

پيتزا

hambaga

همبرگر

sandwichi

ساندويچ

kipande

كتلت

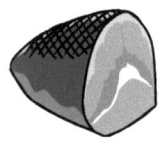

paja la mnyama

همبرگر

salami

سالامى

soseji

ساسيچ

kuku

مرغ

choma

كباب

samaki

ماهى

oats ya uji

فرنی جو

muesli

صبحانه رژیمی

cornflakes

کورن فلکس

unga

آرد

kroisanti

کروسانت

andazi

قرص نان

mkate

نان خشک

mkate wa kubanika

توست / نان بریان

biskuti

بیسکیت

siagi

مسکه

maziwa mgando

چکه

keki

کیک

yai

تخم مرغ

yai kukaanga

تخم مرغ سرخ شده

jibini

پنیر

aiskrimu

آيسکريم

sukari

شکر

asali

عسل

jemu

مربا

kuenea kwa chokoleti

مسکه چاکليت

mchuzi wa viungo

زردچوبه هندی

shamba

مزرعه

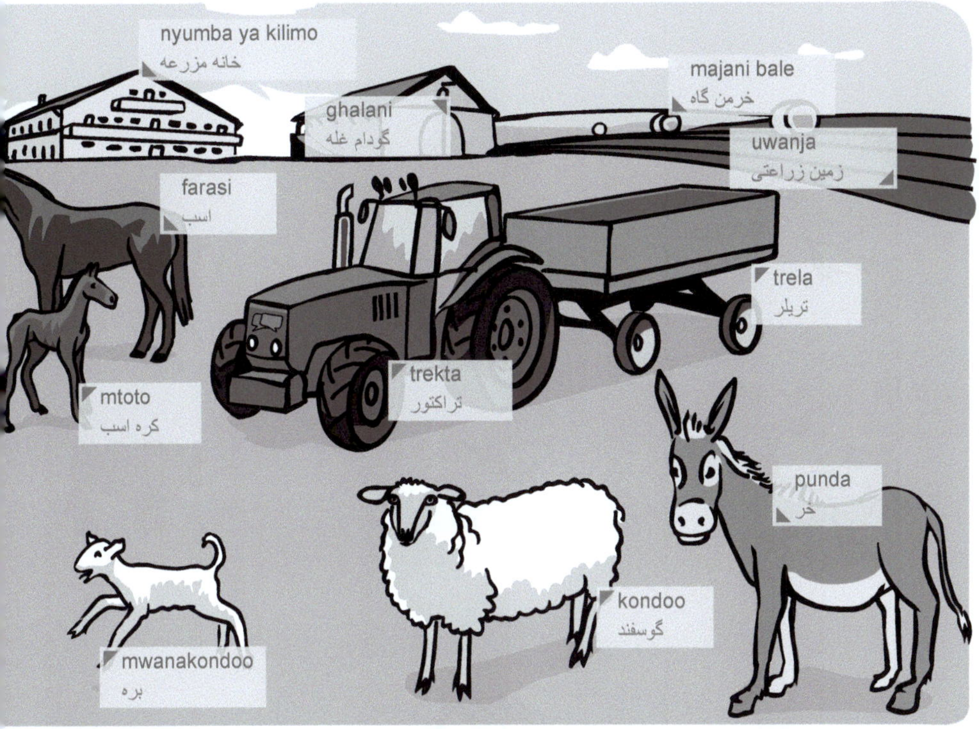
nyumba ya kilimo
خانه مزرعه
ghalani
گودام غله
majani bale
خرمن گاه
uwanja
زمین زراعتی
farasi
اسب
trela
تریلر
trekta
تراکتور
mtoto
کره اسب
punda
خر
kondoo
گوسفند
mwanakondoo
بره

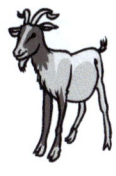

mbuzi

بز

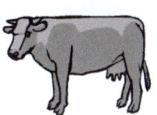

ng'ombe

گاو

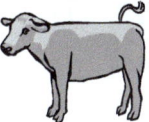

ndama

گوساله

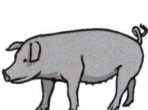

nguruwe

خوک

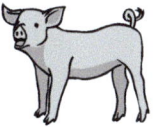

mwananguruwe

خوکچه

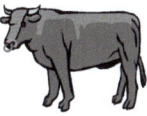

fahali

گاو نر

batabukini

قاز

bata

مرغابی

kifaranga

چوچه مرغ

kuku

مرغ

jogoo

خروس

panya

موش صحرایی

paka

پیشک

panya

موش

ng'ombe

گاومیش

mbwa

سگ

nyumba ya mbwa

خانه سگ

bomba la bustani

خانه باغ

debe la kumwagilia maji

آبپاش

fyekeo

داس

kulima

قولبه کردن

mundu

داس

jembe

کج بیل

uma wa nyasi

چنگال باغبانی

shoka

تبر

toroli

کراچی

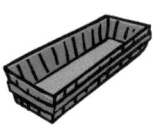

kupitia nyimbo

تغار

chombo cha maziwa

قوطی شیر

gunia

بوجی

ua

دیوار مرزی از چوب یا سیم خار دار

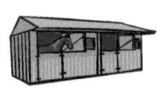

imara

پایدار

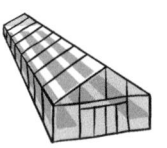

chafu

گلخانه

udongo

خاک

mbegu

تخم

mbolea

کود

kivunaji

ماشین درو وخرمنکوبی

mavuno

درو کردن

mavuno

درو

viazi vikuu

کچالو شرین

ngano

گندم

soya

سویا

viazi

کچالو

mahindi

جواری

rapa

کلزا

mti wa matunda

درخت میوه

muhogo

مانیوک

nafaka

غلات و حبوبات

nyumba

خانه

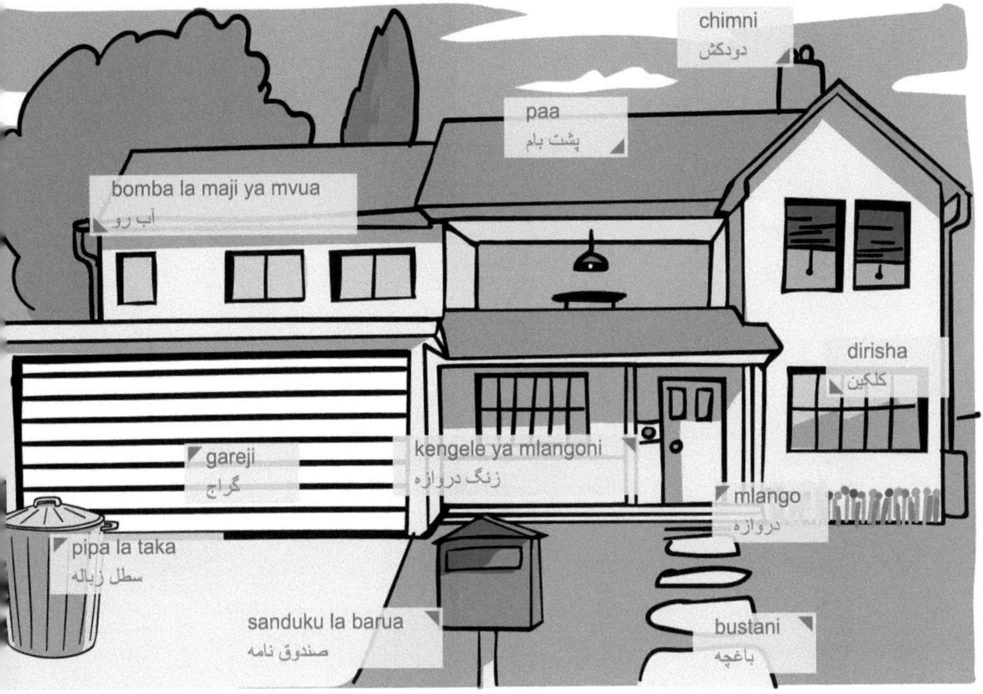
chimni
دودکش
paa
پشت بام
bomba la maji ya mvua
آب رو
dirisha
کلکین
gareji
گراج
kengele ya mlangoni
زنگ دروازه
mlango
دروازه
pipa la taka
سطل زباله
sanduku la barua
صندوق نامه
bustani
باغچه

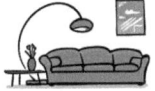

sebuleni

اطاق نشیمن

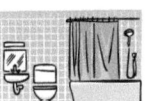

bafu

حمام / دستشویی

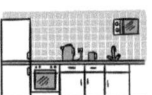

jikoni

آشپزخانه

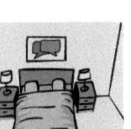

chumba cha kulala

اطاق خواب

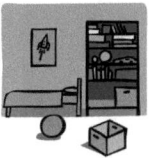

chumba ya mtoto

اطاق اطفال

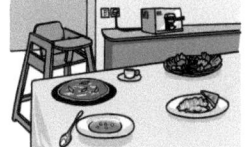

chumba cha kulia

اطاق پذیرایی

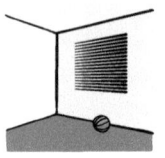

sakafu

کف زمین

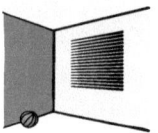

ukuta

دیوار

dari

سقف

pishi

گودام زیر زمینی

sauna

سونا

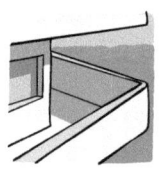

roshani

بالکن

mtaro

برنده / بالکن

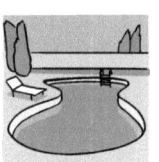

kidimbwi

حوض

mashine ya kukata nyasi

ماشین درو کردن چمن

karatasi

ورق کاغذ

kitambaa cha kupamba
kitanda

روجایی

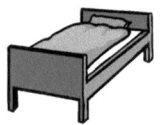

kitanda

تختخواب

ufagio

جارو

ndoo

سطل

kubadili

سوییچ

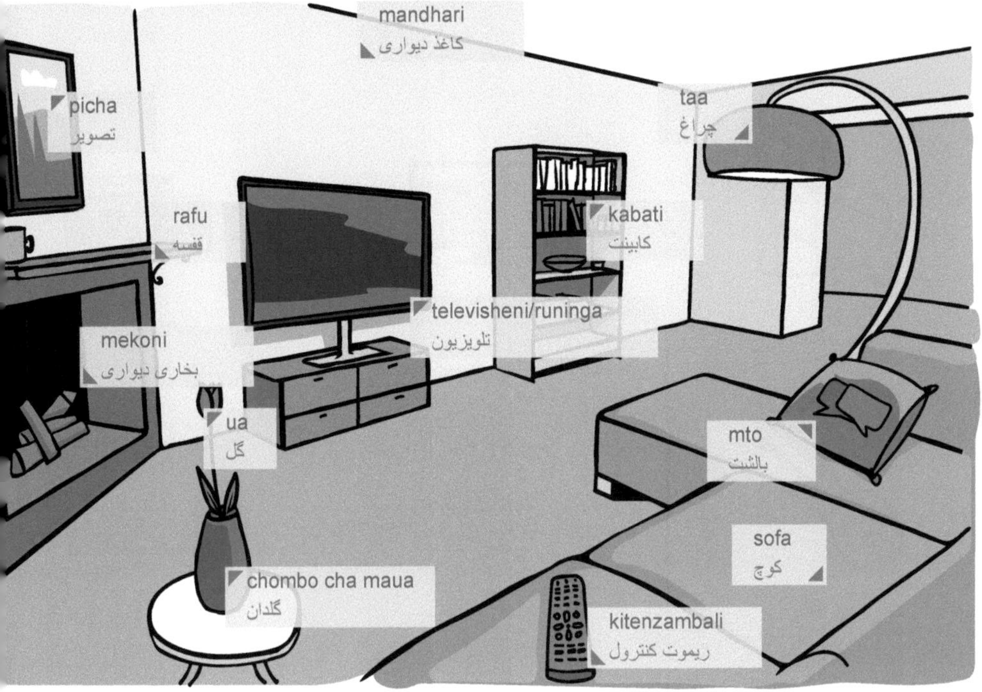

mandhari
کاغذ دیواری

picha
تصویر

taa
چراغ

rafu
قفسه

kabati
کابینت

mekoni
بخاری دیواری

televisheni/runinga
تلویزیون

ua
گل

mto
بالشت

sofa
کوچ

chombo cha maua
گلدان

kitenzambali
ریموت کنترول

zulia

فرش

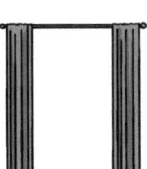

pazia

پرده

meza

میز

kiti

چوکی

kiti cha bembea

چوکی گهواره یی

armchair

چوکی دسته دار

kitabu

كتاب

blanketi

كمبل

mapambo

دكوراسيون

kuni

هيزم

filamu

فلم

kifaa cha hi-fi

سيستم های فای

ufunguo

كليد

gazeti

روزنامه

uchoraji

تابلوی نقاشی

bango

پوستر

redio

رادیو

daftari

دفتر

kifyonza

جاروبرقی

dungusi kakati

كاكتوس

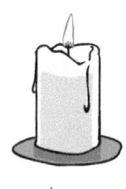

mshumaa

شمع

jikoni

آشپزخانه

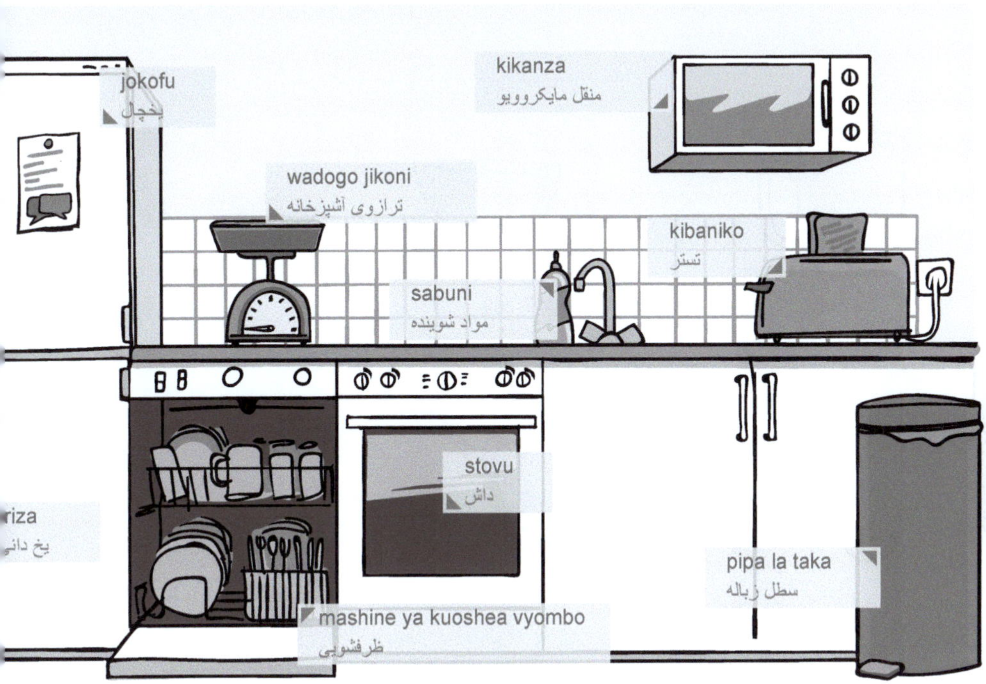
jokofu
یخچال
kikanza
منقل مایکروویو
wadogo jikoni
ترازوی آشپزخانه
kibaniko
تستر
sabuni
مواد شوینده
stovu
داش
riza
یخ دانی
pipa la taka
سطل زباله
mashine ya kuoshea vyombo
ظرفشویی

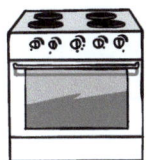

jiko la kupika
منقل

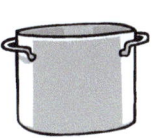

chungu
دیگ

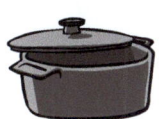

sufuria ya chuma
دیگ چدنی

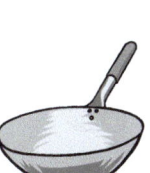

wok / kadai
کراهی

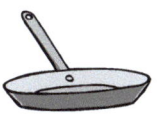

kaango
تابه

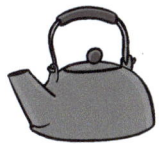

birika
چای جوش

stima

بخارپز

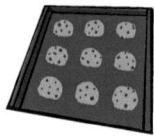

sinia ya kuoka

پطنوس طباخی

vyombo vya udongo

ظروف

kombe

پیاله کلان

bakuli

کاسه

vijiti vya kulia

چاپستیک ها

ukawa

ملاقه

mwiko mpana

کفگیر

burashi

مخلوط کننده

kichujio

چلو صاف

chujio

غلبیل

mbuzi

رنده

chokaa

هاونگ

barbeque

بار بیکیو

moto wazi

اتش باز

ubao wa majaribio

تخته برش

kijiti cha kusukuma unga

آشگز

kizibuo

سر بازکن

kopo

قوطی

inaweza kopo

سر باز کن

kishikio cha chungu

دستگیره تکه ای

karo

ظرف شویی

brashi

برس ظرف شویی

sifongo

اسفنج

kisagaji matunda

مخلوط کن

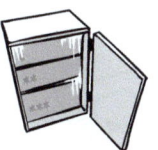

friji ya kina

فریزر

chupa ya mtoto

شیر چوشک اطفال

bomba

نل آب

bafu

حمام / دستشویی

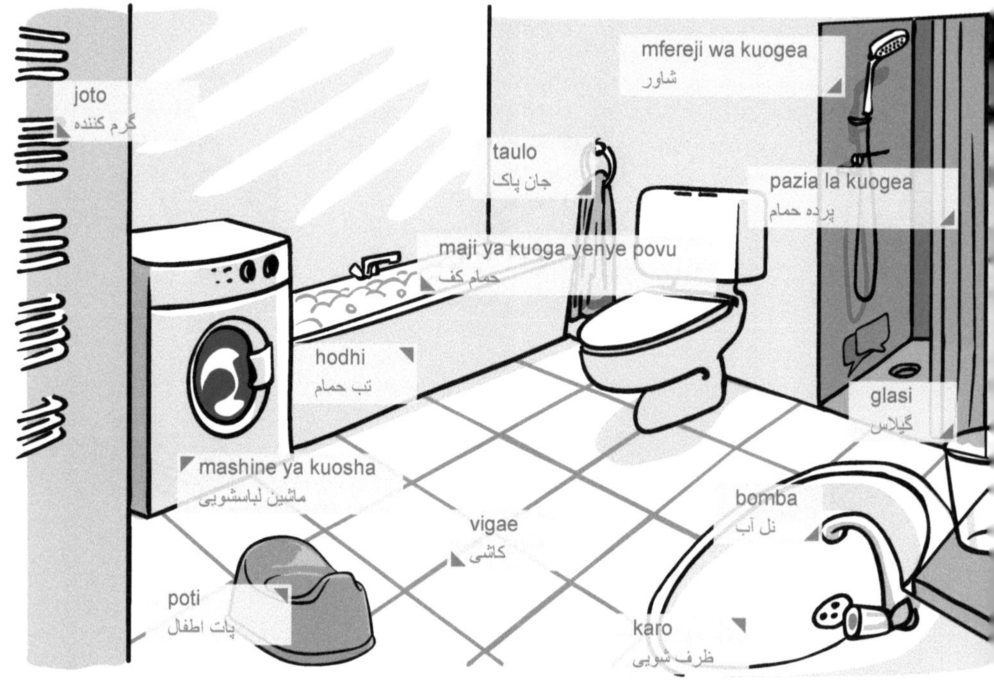
joto
گرم کننده
mfereji wa kuogea
شاور
taulo
جان پاک
pazia la kuogea
پرده حمام
maji ya kuoga yenye povu
حمام کف
hodhi
تب حمام
glasi
گیلاس
mashine ya kuosha
ماشین لباسشویی
bomba
نل آب
vigae
کاشی
poti
پات اطفال
karo
ظرف شویی

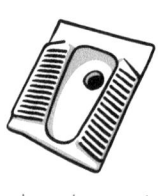

choo

تشناب

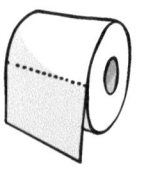

choo cha squat

کمود فرشی

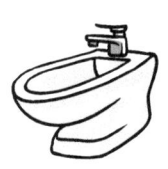

beseni la mviringo

کمود

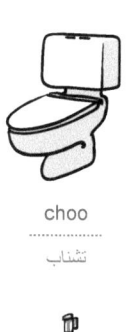

choo cha umma

تشناب مرد ها

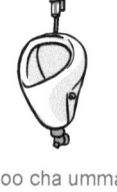

shashi

کاغذ تشناب

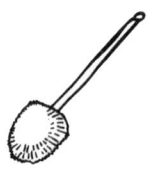

brashi ya choo

برس کمود

mswaki

برس دندان

dawa ya meno

کریم دندان

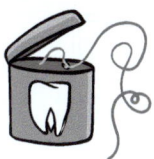

dawa ya meno

نخ دندان

safisha

شُستن

kuoga mkono

شاور دستی

msukumo wa maji

شاور کمود

bonde

دستشویی

mpako wa pili

برس پُشت

sabuni

صابون

jeli ya kuogea

جل حمام

shampuu

شامپو

flana

لیف

toa maji

آب رو

krimu

کریم

kiondoa harufu

بوزدا

kioo

آینه

kioo mkono

آینه دستی

kinyozi

ریش تراش

povu la kunyoa

کف ریش تراشی

baada ya kunyoa

کلونیا

kichana

شانه موی

brashi

برس

kikausha nywele

سشوار

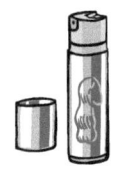

marashi ya nyewele

اسپری مو

vipodozi

آرایش

kidomwa

لب سرین

varnish ya msumari

رنگ ناخن

pamba

پشم پنبه

mkasi wa kucha

ناخن گیر

manukato

عطر

mkoba wa kuosha

کیسه شستشو

kinyesi

چوکی چار پایه

mizani

ترازوی وزن

nguo ya kuoga

جان پاک

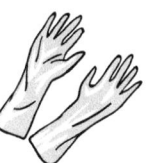

glavu za mpira

دستکش پلاستیکی

kisodo

تامپون

sodo

کوتکس

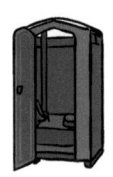

kemikali choo

تشناب سیار

saa ya kengele
ساعت زنگ دار

kidoli cha kupakata
گدی های نرم

gari bandia
موتر سامان بازی

kelele
جرنگانه

chumba cha midoli
خانه گدی

sasa
هدیه

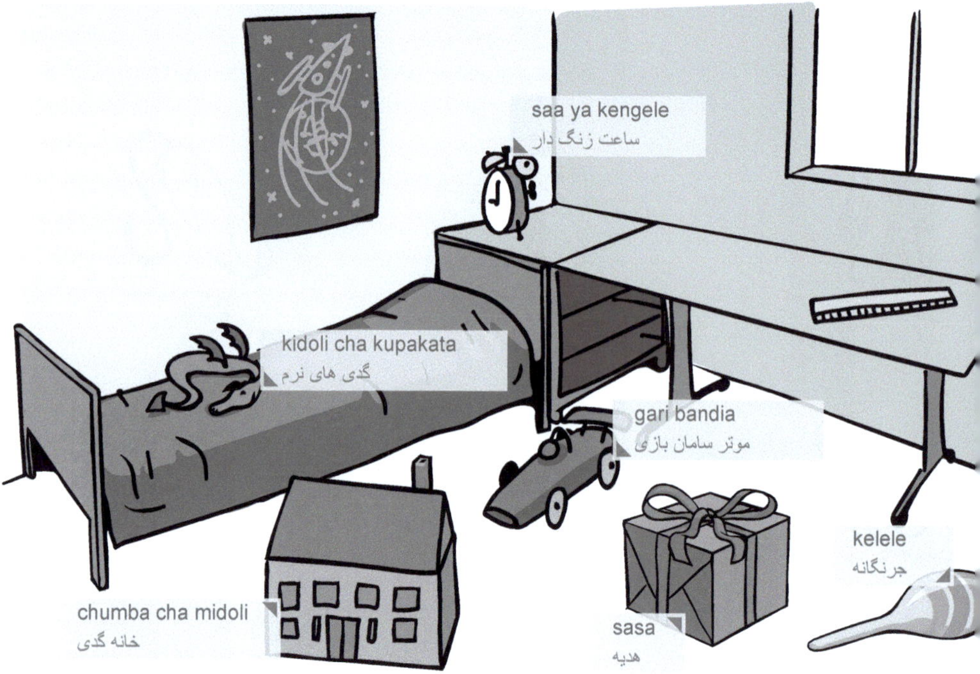

baluni

پوقانه

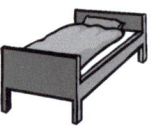

kitanda

تختخواب

mashua

ریکشه اطفال

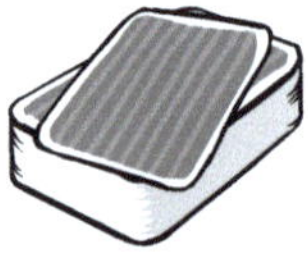

staha ya kadi

قطعه بازی

mchezo-fumb

پازل

vichekesho

خنده آور

matofali lego

خشت های لگو

vitalu mwigo

بلوک های سامان بازی

hatua takwimu

بچه فلم

suti ya kulalia

لباس طفل

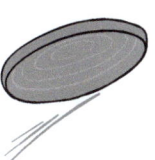

kisahani

فریزبی

simu

سامان بازی که روی تخت خواب اطفال
اویزان می شود

ubao wa michezo

بازی تخته یی

kete

تاس

garimoshi mwigo

ریل اسباب بازی

dummy

چوشک

chama

مهمانی

picha kitabu

کتاب تصویری

mpira

توپ

kikaragosi

گدیگک

kucheza

بازی کردن

shimo la mchanga

جعبه ریگ

bembea

گاز

vitu bandia

اسباب بازی

kiweko cha video ya
mchezo

کنسول بازی کمپیوتری

baiskeli ya magurudumu

سه چرخه

matatu

mwanasesere

خرس سامان بازی

kabati

الماری لباس

soksi

جوراب

stokingi

جوراب دراز

kibano

برجس

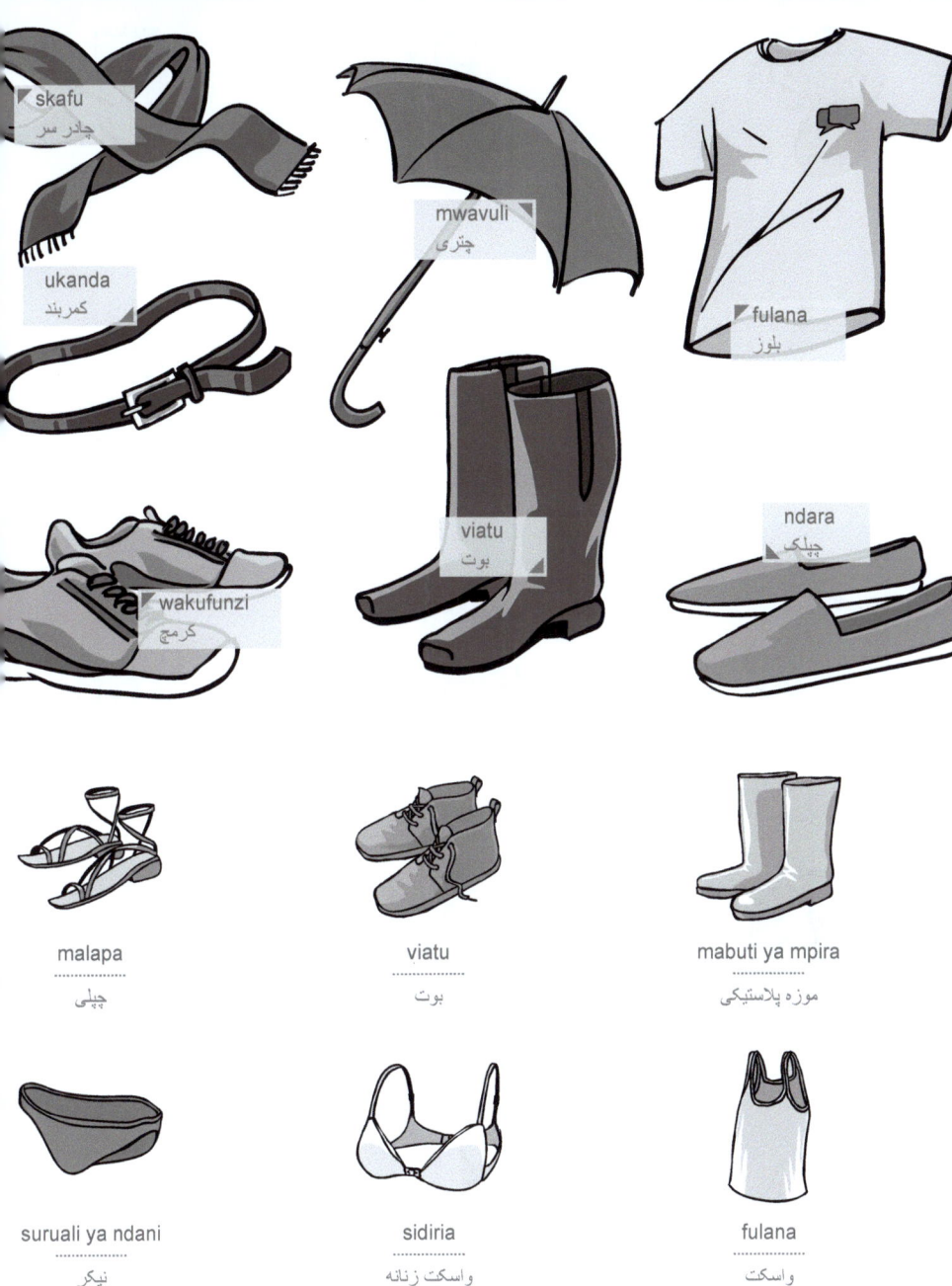

skafu
چادر سر

mwavuli
چتری

fulana
بلوز

ukanda
کمربند

viatu
بوت

ndara
چپلک

wakufunzi
کرمچ

malapa
چپلی

viatu
بوت

mabuti ya mpira
موزه پلاستیکی

suruali ya ndani
نیکر

sidiria
واسکت زنانه

fulana
واسکت

mwili

بدن

suruali

برزو

dangirizi

پتلون کاوبای

sketi

دامن

blauzi

بلوز

shati

پیراهن

vuta

یالان

sweta

جاکت کلاه دار

bleza

جاکت

jaketi

چمپر

koti

کورتی

koti la mvua

کوت بارانی

maleba

لباس مخصوص مراسم

gauni

پیراهن

mavazi ya harusi

لباس عروسی

suti

دریشی

vazi la usiku

لباس خواب

pajama

پاجامه

sari

ساری

skafu

چادر سر

kilemba

لنگی

burka

چادری

kaftan

کفتان

abaya

چادر

vazi la kuogelea

لباس آببازی

vazi la kiume la kuogelea

نیکر پاچه دار

kaptura

پتلون نصفه

teitei

لباس ورزشی

aproni

پیش بند

glavu

دستکش

kifungo

دکمه

glasi

عینک

bangili

دستبند

mkufu

گردن بند

pete

انگشتر

herini

گوشواره

kofia

کلاه پیک دار

kiango cha koti

کوت بند

kofia

کلاه

tai

نیکتایی

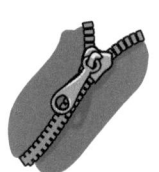

zipu

زیپ

kofia

کلاه مصون

kanda za suruali

بند تنبان

sare za shule

یونیفورم مکتب

sare

یونیفورم

bibu

پیش بند

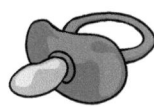

dummy

چوشک

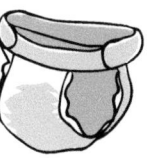

nepi

پمپر

seva

سرور

kabati la kuweka faili

الماری اسناد

kichapishaji

پرینتر

kiwambo

مانیتور

aratasi

کاغ

kipanya

ماوس

dawati

میز کار

folda

فولدر

kibodi

کیبورد

ha kuweka karatasi chafu

سبد

kiti

چوکی

kompyuta

کمپیوتر

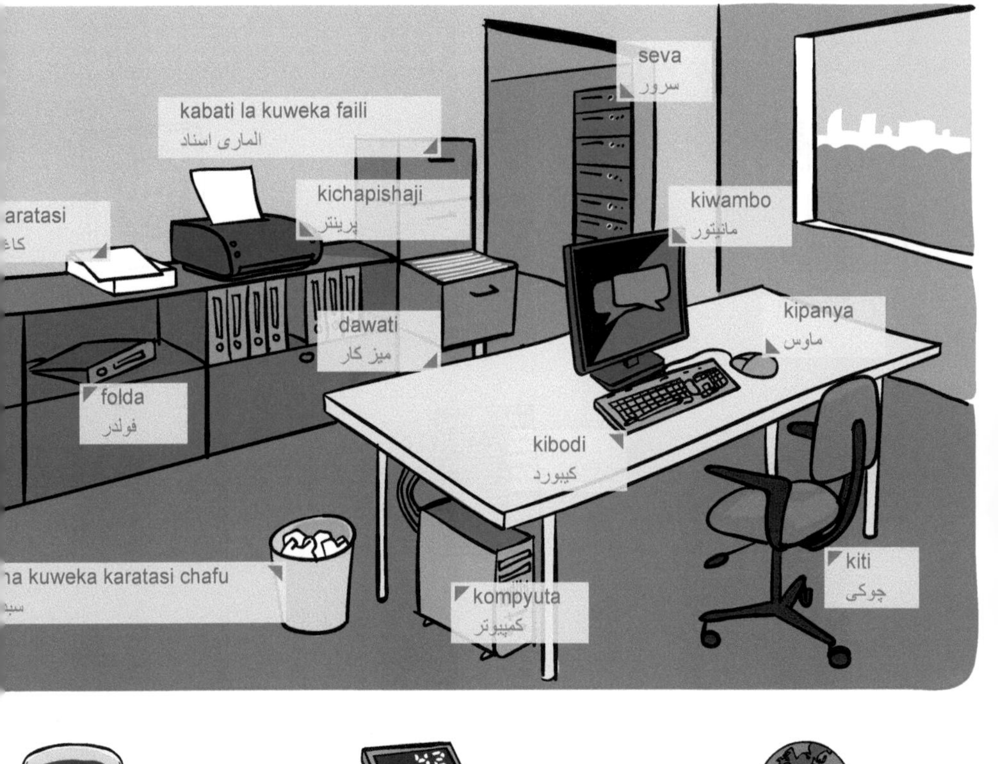

kmobe la kahawa

گیلاس قهوه

kikokotoo

ماشین حساب

biashara

اینترنت

mbali

لپ تاپ

barua

نامه

ujumbe

پیام

rununu

موبایل

intaneti

شبکه

fotokopia

ماشین فوتوکاپی

programu

نرم افزار

simu

تلیفون

soketi

پلک

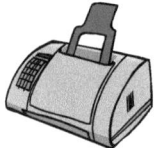

kipepesi

دستگاه فکس

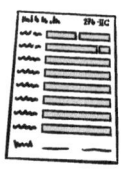

fomu

فورمه

hati

سند

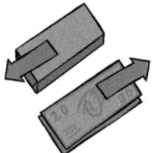

kununua

خرید کردن

kulipa

پرداختن

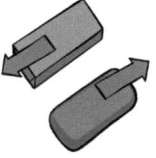

biashara

تجارت کردن

fedha

پول

dola

دالر

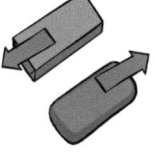

yuro

يورو

yeni

ين

rouble

روبل

faranga ya Uswisi

فرانک سوئيس

renminbi yuan

يوان رنمينبی

rupia

روپيه

eneo la kulipia

خودپرداز

ofisi ya ubadilishanaji
....
دفتر صرافی

dhahabu
....
طلا

fedha
....
نقره

mafuta
....
نفت

nishati
....
انرژی

bei
....
قیمت

mkataba
....
قرارداد

kodi
....
مالیات

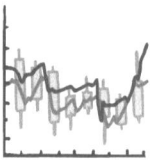

bidhaa
....
سهام

kazi
....
کار کردن

mfanyakazi
....
کارمند

mwajiri
....
استخدام کننده

kiwanda
....
فابریکه

duka
....
مغازه

afisa wa polisi
افسر پولیس

mzimamoto
آتش نشان

mpishi
آشپز

daktari
داکتر

rubani
پیلوت

mtunza bustani

باغبان

seremala

نجار

mshonaji

خیاط

hakimu

قاضی

mwanakemia

کیمیا دان

muigizaji

بازیگر

dereva wa basi

راننده بس

dereva wa teksi

راننده تکسی

mvuvi

ماهیگیر

mwanamke wa kusafisha

خدمه

mwezekaji

سقف ساز

mhudumu

پیشخدمت

mwindaji

شکارچی

mchoraji

نقاش

mwokaji

نانوا

umeme

برقی

mjenzi

بنا

mhandisi

انجنیر

mchinjaji

قصاب

fundi bomba

نلدوان

mwanaposta

پستچی

mwanajeshi

سرباز

msanifu majengo

معمار

keshia

صندوقدار

muuza maua

گل فروش

msusi

آرایشگر

kondakta

مامور تکت ریل

mekanika

میخانیک

nahodha

کاپیتان

daktari wa meno

داکتر دندان

mwanasayansi

دانشمند

rabbi

خاخام/ عالم یهودی

imamu

امام

mtawa

راهب

kasisi

ملا

zana

ابزار

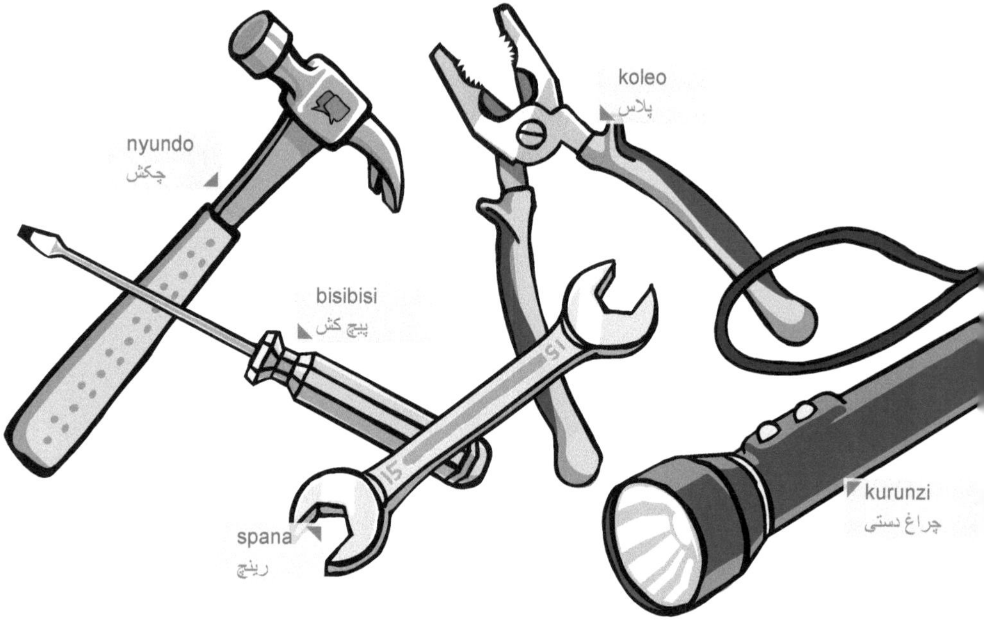
koleo
پلاس
nyundo
چکش
bisibisi
پیچ کش
kurunzi
چراغ دستی
spana
رینچ

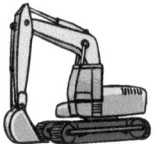

mchimbaji

ماشین حفاری

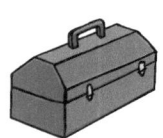

sanduku la vifaa

جعبه ابزار

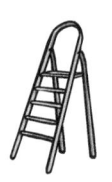

ngazi

زینه

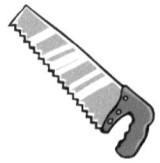

msumeno

اره

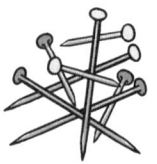

misumari

میخ

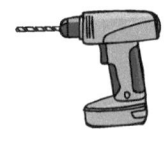

kuchimba visima

برمه

kukarabati

ترمیم کردن

sepetu

بیل

Lo!

لعنتی!

kishikio cha uchafu

خاکروبه

chungu cha rangi

سطل رنگ

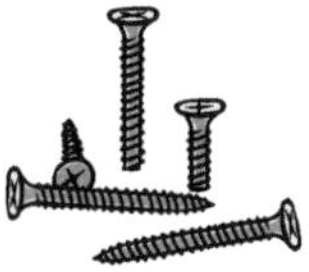

skurubu

پیچ

ala za muziki

آلات موسیقی

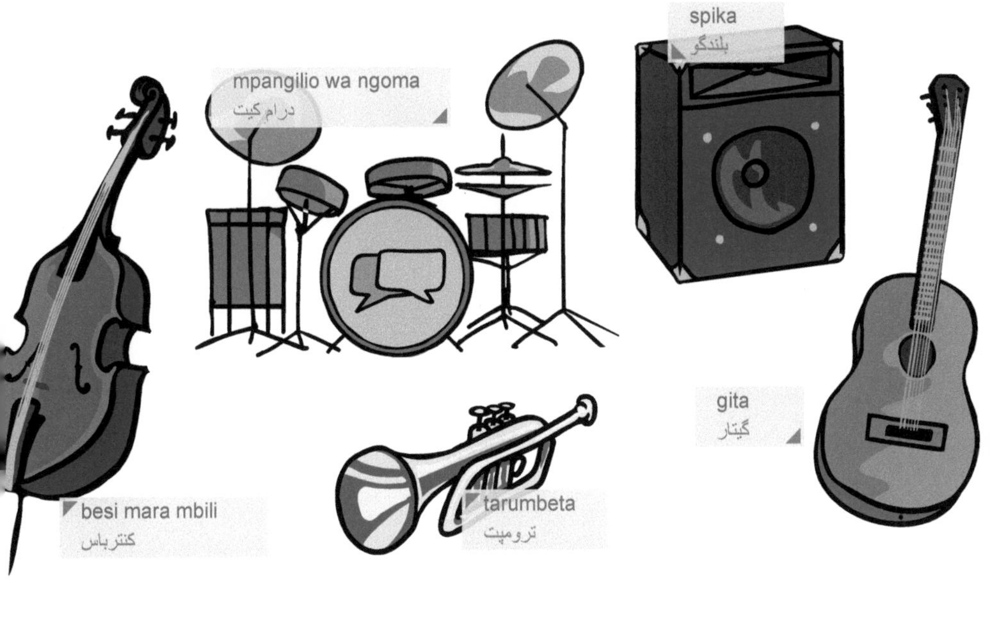

mpangilio wa ngoma

درام کیت

spika

بلندگو

gita

گیتار

besi mara mbili

کنترباس

tarumbeta

ترومپت

piano

پیانو

fidla

وایلن

ubeji

گیتار بیس

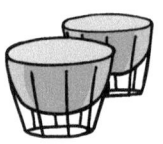

timpani

دهل

ngoma

دول

kibodi

پیانوی برقی

saksafoni

ساکسوفون

filimbi

توله

maikrofoni

میکروفون

bustani ya wanyama

باغ وحش

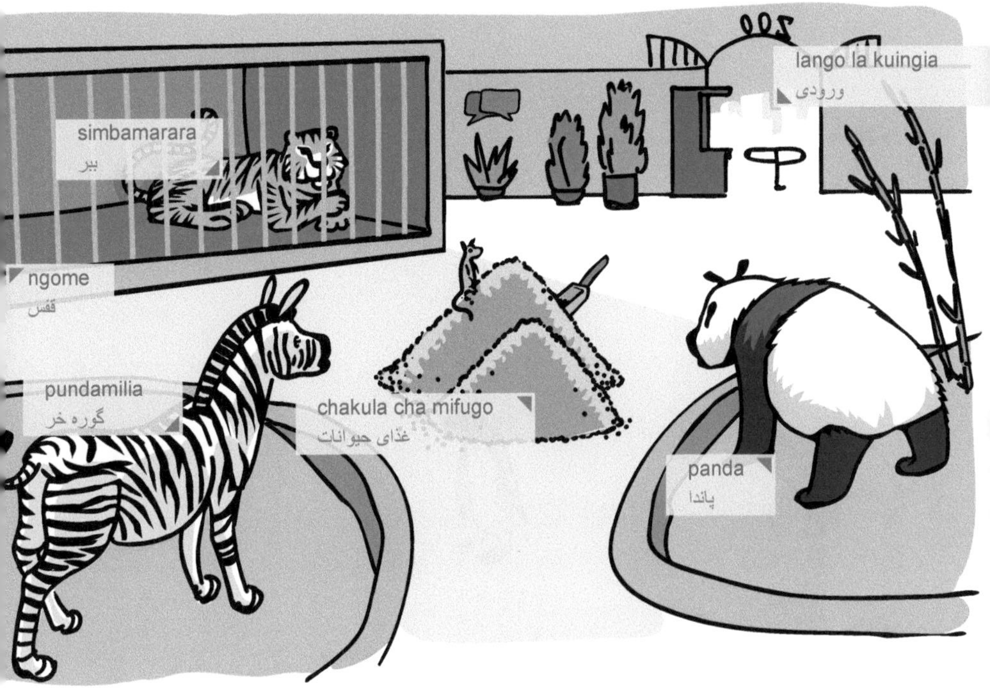
lango la kuingia
ورودی
simbamarara
ببر
ngome
قفس
pundamilia
گوره خر
chakula cha mifugo
غذای حیوانات
panda
پاندا

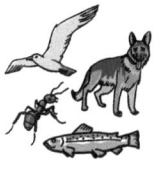

wanyama

حیوانات

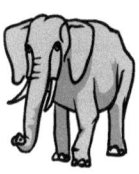

tembo

فیل

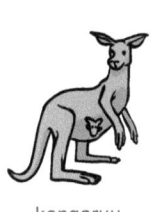

kangaruu

کانگورو

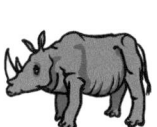

kifaru

غژ گاو

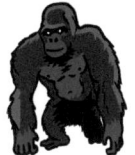

sokwe

گوریلا

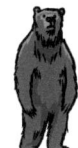

dubu

خرس

ngamia

شتر

mbuni

شترمرغ

simba

شیر

tumbili

میمون

heroe

فلامینگو

kasuku

طوطی

dubu

خرس قطبی

penguini

پنگوئن

papa

کوسه

tausi

طاووس

nyoka

مار

mamba

تمساح

mtunza wanyama

نگهبان باغ وحش

muhuri

سگ آبی

jaguar

پلنگ خالدار امریکایی

mwanafarasi

اسب کوچک

chui

پلنگ

kiboko

اسب آبی

twiga

زرافه

tai

عقاب

nguruwe mwitu

خوک وحشی

samaki

ماهی

kobe

سنگ پشت

sili

شیر دریایی

mbweha

روباه

paa

غزال

soka ya marekani
فوتبال امریکایی

uendeshaji baiskeli
بایسکل سواری

tenisi
تنیس

mpira wa kikapu
باسکتبال

kuogelea
آب بازی

ndondi
بوکس

magongo ya barafun
هاکی روی یخ

soka
فوتبال

vinyoya
بدمینتون

riadha
ورزشکاری

mpira wa mikono
هندبال

skii
اسکی

polo
پولو

shughuli
فعالیت ها

cheka
خندیدن
kuruka
خیز زدن
kumbatia
بغل کردن
kutembea
راه رفتن
kuimba
خواندن
ota ndoto
خواب دیدن
kuomba
دعا کردن
busu
بوسیدن

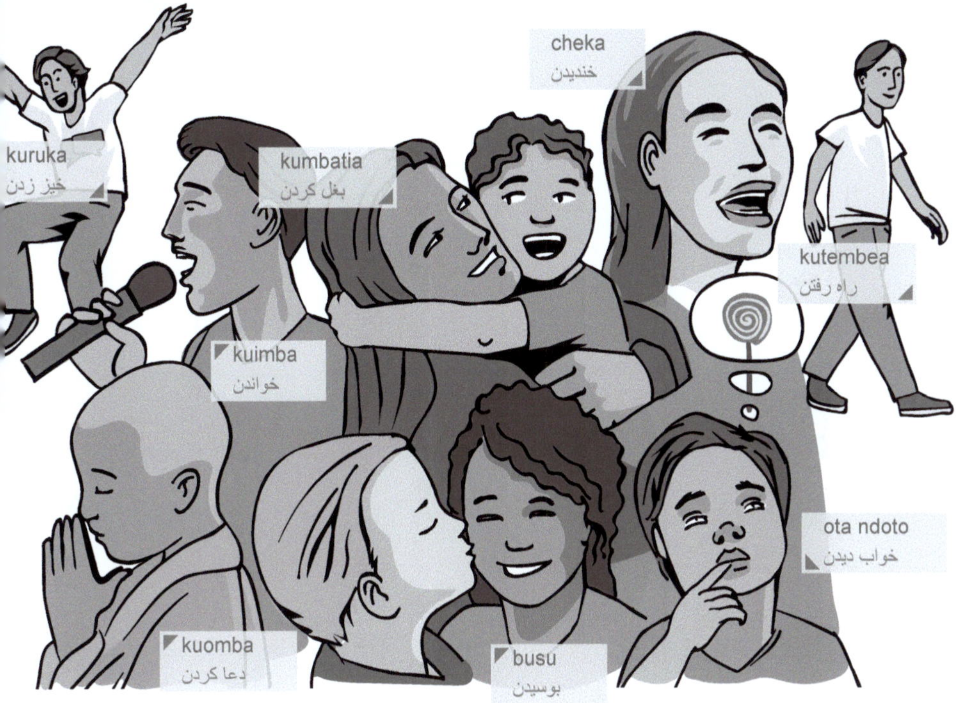

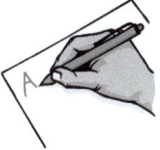

kuandika
نوشتن

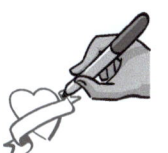

kuteka
کشیدن

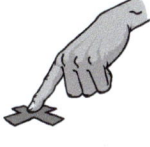

angalia
نشان دادن

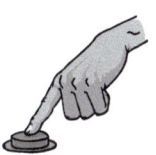

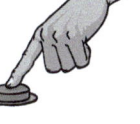

sukuma
تیله کردن

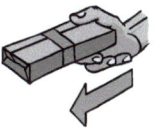

kutoa
دادن

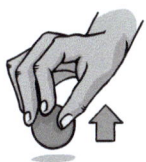

kuchukua
گرفتن

kuwa

داشتن

fanya

انجام دادن

kuwa

بودن

kusimama

ایستادن

kukimbia

دویدن

vuta

کش کردن

kutupa

پرتاب کردن

kuanguka

افتادن

hadaa

دروغ گفتن

kusubiri

صبر کردن

kubeba

حمل کردن

kukaa

نشستن

vaa nguo

لباس پوشیدن

usingizi

خوابیدن

kuamka

بیدار شدن

kuangalia

نگاه کردن

lia

گریه کردن

kiharusi

ضربه زدن

chana nywele

شانه کردن

ongea

صحبت کردن

kuelewa

فهمیدن

kuuliza

پرسیدن

kusikiliza

گوش دادن

kunywa

نوشیدن

kula

خوردن

nadhifisha

مرتب کردن

upendo

عشق ورزیدن

mpishi

پختن

gari

راننده گی کردن

kuruka

پرواز کردن

meli

روی آب حرکت کردن

kokotoa

حساب کردن

kusoma

خواندن

kujifunza

یاد گرفتن

kazi

کار کردن

kuoa

ازدواج کردن

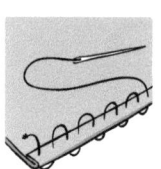

kushona

دوختن

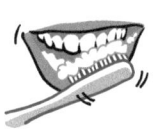

piga mswaki

برس کردن دندان ها

kuua

کشتن

moshi

سگریت کشیدن

kutuma

فرستادن

familia

فامیل

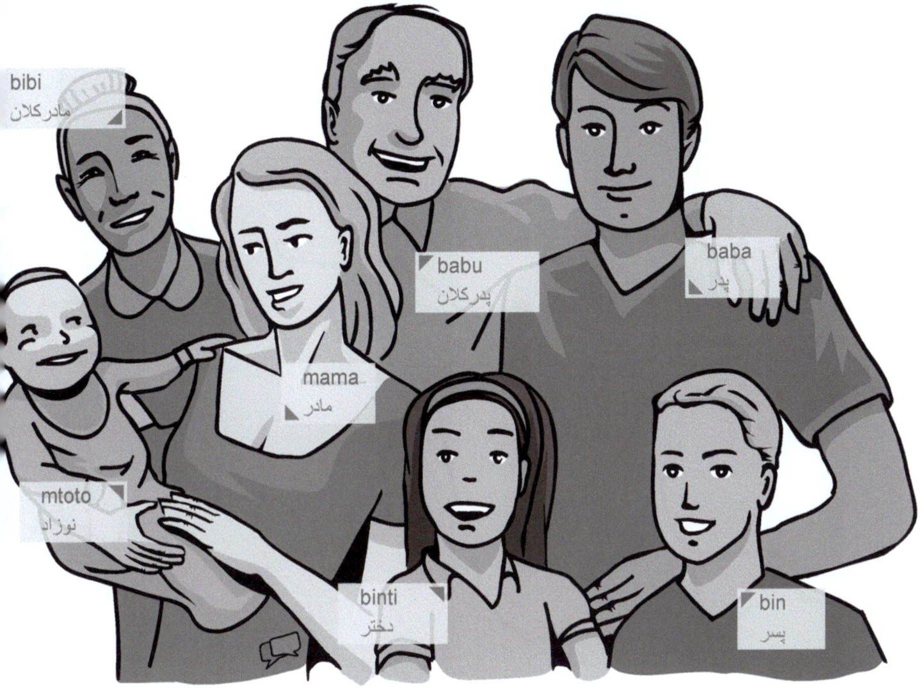
bibi
مادرکلان
babu
پدرکلان
baba
پدر
mama
مادر
mtoto
نوزاد
binti
دختر
bin
پسر

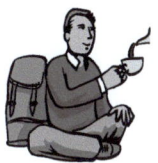

mgeni

مهمان

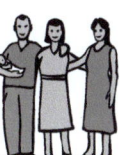

shangazi

عمه / خاله

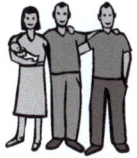

mjomba

ماما/کاکا

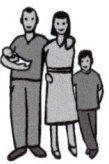

kaka

برادر

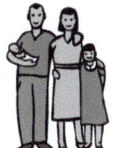

dada

خواهر

mwili

بدن

paji la uso
پیشانی
jicho
چشم
bega
شانه
kidole
انگشت
uso
روی
kidevu
زنخ
mkono
دست
mguu
پا
matiti
سینه
mkono
بازو

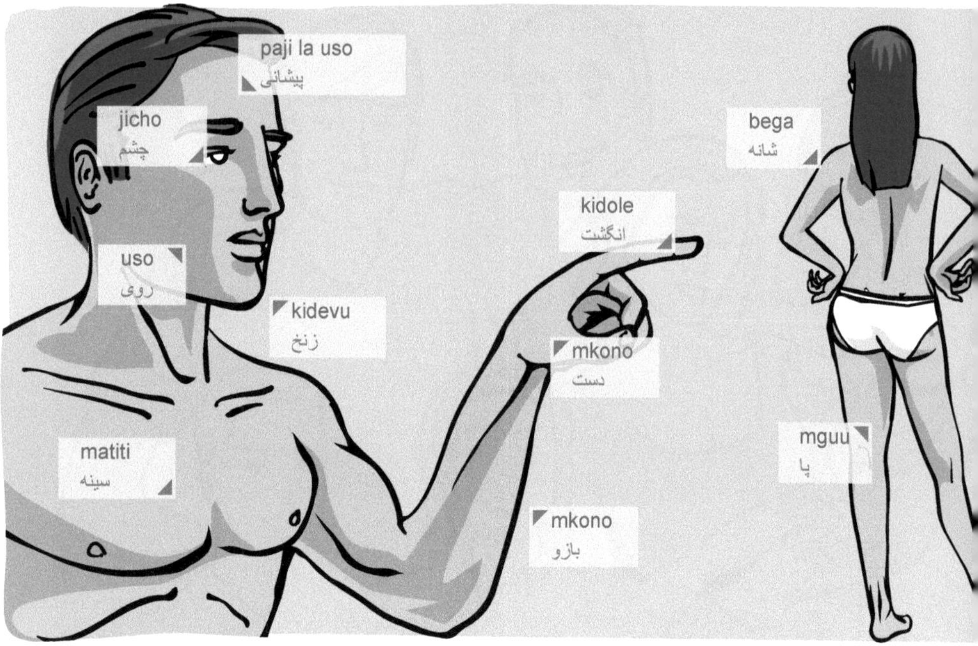

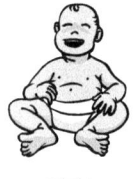

mtoto

نوزاد

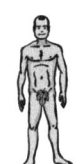

mwanamume

مرد

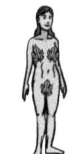

mwanamke

زن

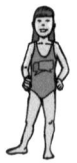

msichana

دختر

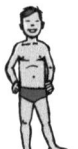

mvulana

پسر

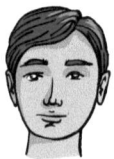

kichwa

سر

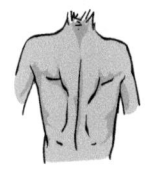

nyuma

کمر

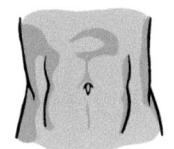

tumbo

شکم

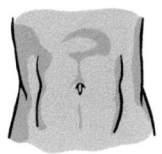

kitovu

ناف

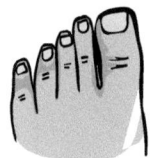

chano

انگشت پا

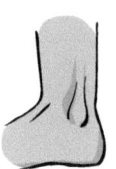

kisigino

کوری پای

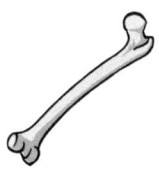

mfupa

استخوان

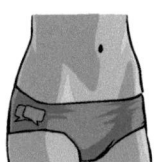

nyonga

کمر

goti

زانو

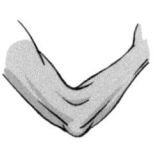

kiwiko

أرنج

pua

بینی

chini

سرین

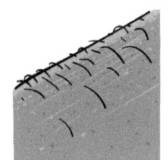

ngozi

پوست

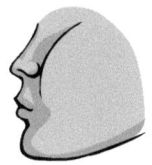

shavu

کومه

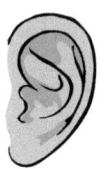

sikio

گوش

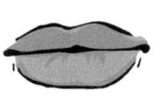

mdomo

لب

kinywa

دهان

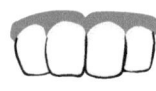

jino

دندان

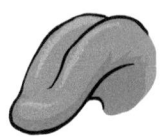

ulimi

زبان

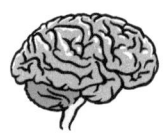

ubongo

مغز

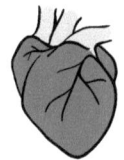

moyo

قلب

misuli

عضله

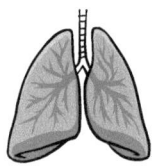

pafu

شش

ini

جگر

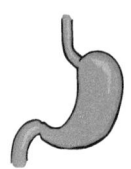

tumbo

معده

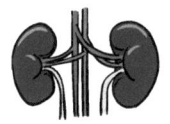

figo

گرده

jinsia

رابطه جنسی

kondomu

کاندوم

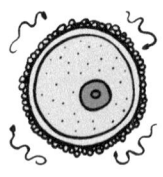

ovari

تخمه

shahawa

آب منی

mimba

حاملگی

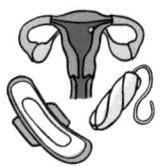

hedhi

قاعده گی

uke

مجرای تناسلی زن

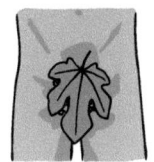

uume

آلت تناسلی مرد

unyusi

ابرو

nywele

مو

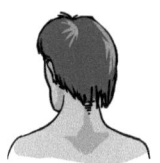

shingo

گردن

hospitali

شفاخانه

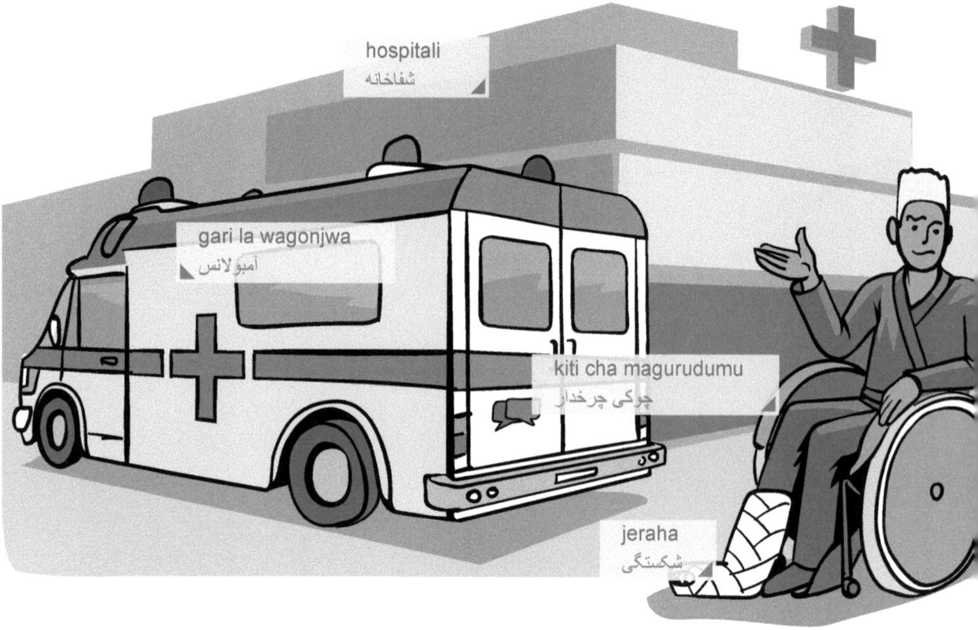

hospitali
شفاخانه
gari la wagonjwa
آمبولانس
kiti cha magurudumu
چوکی چرخدار
jeraha
شکستگی

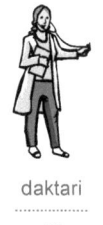

daktari

داکتر

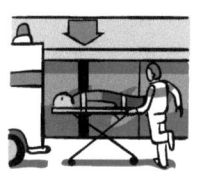

chumba cha dharura

اطاق عاجل

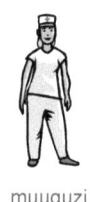

muuguzi

نرس

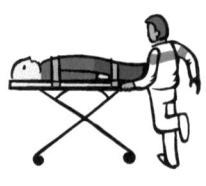

dharura

عاجل

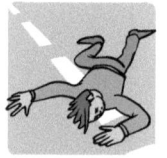

kupoteza fahamu

بیهوش

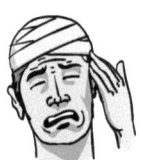

maumivu

درد

kuumia

جراحت

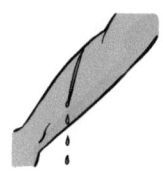

kutokwa na damu

خونریزی

mshtuko wa moyo

حمله قلبی

kiharusi

سکته مغزی

mzio

حساسیت

kikohozi

سرفه

homa

تب

mafua

انفلوانزا

kuharisha

اسهال

maumivu ya kichwa

سردرد

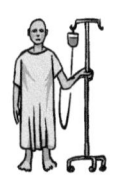

kansa

سرطان

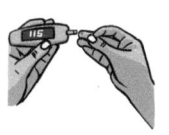

ugonjwa wa kisukari

شکر

daktari mpasuaji

جراح

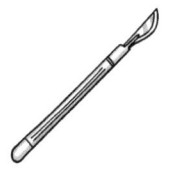

kisu kidogo cha kupasulia

چاقوی جراحی

operesheni

عملیات

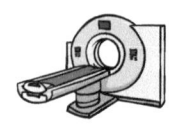

picha changanufu ya mwili

سی تی

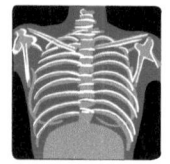

Eksrei

ایکسری

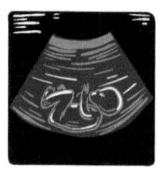

mawimbi sauti

سونوگرافی

barakoa ya uso

ماسک روی

ugonjwa

مریضی

chumba cha kusubiri

اطاق انتظار

mkongojo

عصا

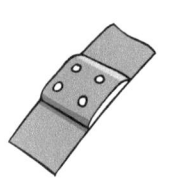

plasta

گچ

bendeji

پانسمان

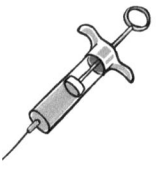

sindano

تزریق

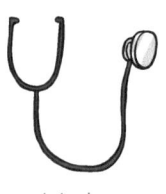

stetoskopu

استتسکوپ

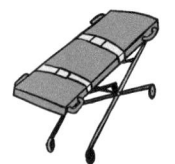

machela

تذکره

kipimajoto cha kliniki

ترمامیتر کلینیکی

kuzaliwa

تولد

unene kupita kiasi

اضافه وزن

kusikia misaada

سمعک

kipukusi

ضدعفونی کننده

maambukizi

عفونت

virusi

وایروس

VVU / UKIMWI

اچ آی وی / ایدز

dawa

ادویه

chanjo

واکسیناسیون

vidonge

تابلیت ها

kidonge

تابلیت

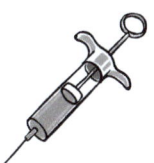

simu ya dharura

تماس اضطراری

haemodainamometa

مانیتور فشار خون

mgonjwa / mwenye afya

بیمار / سالم

Msaada!

كمك!

kengele

زنگ هشدار

pigo

تجاوز

shambulizi

حمله

hatari

خطر

lango la dharura

خروج اضطراری

Moto!

آتش!

kizima moto

اله ضد حریق

ajali

حادثه

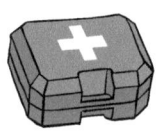

vifaa vya huduma ya kwanza

بكسه كمك های اولیه

wito wa msaada

پیام اضطراری

polisi

پولیس

Ulaya

اروپا

Amerika ya Kaskazini

امریکای شمالی

Amerika ya Kusini

امریکای جنوبی

Afrika

آفریقا

Asia

آسیا

Australia

استرالیا

Atlantiki

اقیانوس اطلس

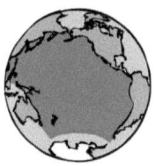

Pasifiki

اقیانوس آرام

Bahari ya Hindi

اقیانوس هند

Bahari ya Antaktiki

اقیانوس منجمد جنوبی

Bahari ya Aktiki

اقیانوس منجمد شمالی

Ncha ya Kaskazini

قطب شمال

Ncha ya Kusini

قطب جنوب

Antaktika

قاره قطب جنوب

dunia

زمین

nchi

خشکی

bahari

دریا

kisiwa

جزیره

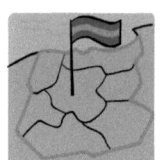

taifa

ملت

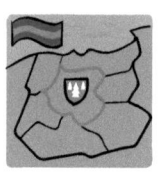

jimbo

کشور

uso wa saa

روی ساعت

akrabu ya saa

عقربه ساعت شمار

akrabu ya dakika

عقربه دقیقه شمار

akrabu ya sekunde

عقربه ثانیه شمار

Ni saa ngapi?

ساعت چند است؟

siku

روز

wakati

زمان

sasa

اکنون

saa ya dijitali

ساعت دستی دیجیتل

dakika

دقیقه

saa

ساعت

Jumatatu
دوشنبه
MO

W
Jumatano
چهارشنبه

Ijumaa
جمعه
FR

TU

TH

SA
Jumamosi
شنبه

SO

Jumanne
سه شنبه

Alhamisi
پنجشنبه

Jumapili
یکشنبه

jana
دیروز

leo
امروز

kesho
فردا

asubuhi
صبح

saa sita mchana
ظهر

jioni
غروب

siku za biashara
روزهای کاری

mwishoni mwa wiki
آخر هفته

mwaka

سال

mvua
باران
upinde wa mvua
رنگین کمان
upepo
شمال
theluji
برف
majira ya machipuko
بهار
vuli
خزان
kiangazi
تابستان
majira ya baridi
زمستان

4.APRIL 11°
5.APRIL 4°
6.APRIL 13°
7.APRIL 8°
8.APRIL 10°

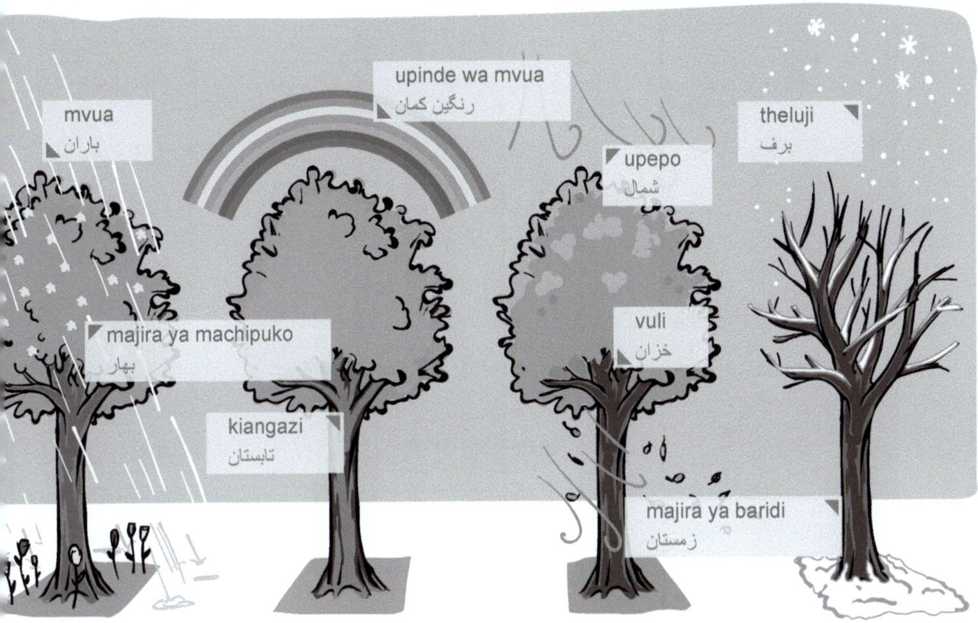

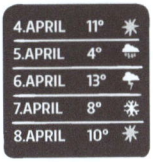

abiri wa hali ya hewa

پیش بینی آب و هوا

F C
120 40
90 30
60 20
30 10
0 0
-30 -10
-20

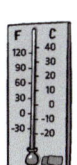

kipimajoto

ترمامیتر

mwanga wa jua

آفتاب

wingu

ابر

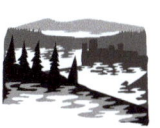

ukungu

غبار

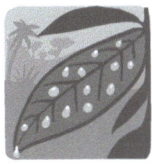

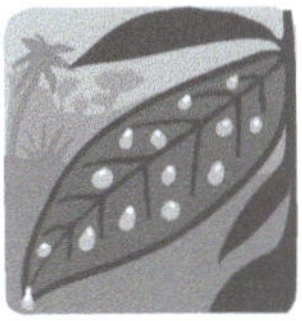

unyevu

رطوبت

umeme

رعد و برق

radi

الماسک

dhoruba

طوفان

mvua ya mawe

ژاله

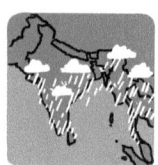

monsuni

موسم بارندگی

mafuriko

سیل

barafu

یخ

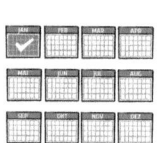

Januari

جنوری

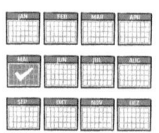

Februari

فبروری

Machi

مارچ

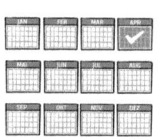

Aprili

اپریل

Mei

می

Juni

جون

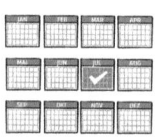

Julai

جولای

Agosti

اگست

Septemba

سپتمبر

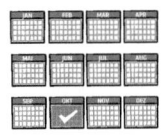

Oktoba

اکتوبر

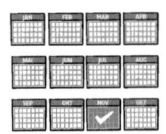

Novemba

نومبر

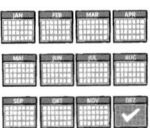

Desemba

دسمبر

mduara

دایره

mraba

مربع

mstatili

مستطیل

pembetatu

مثلث

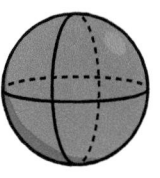

nyanja

کره

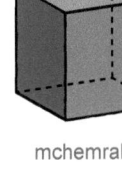

mchemraba

مکعب

nyeupe

سفید

manjano

زرد

chungwa

نارنجی

rangi ya waridi

گلابی

nyekundu

سرخ

hudhurungi

بنفش

bluu

آبی

kijani

سبز

hanja

نصواری/قهوه یی

jivujivu

خاکستری

nyeusi

سیاه

mengi / kidogo

زیاد / کم

hasira / pole

عصبانی / آرام

nzuri / mbaya

مقبول / بدرنگ

mwanzo / mwisho

آغاز / پایان

kubwa / ndogo

بزرگ / کوچک

angavu / giza

روشن / تیره

kaka / dada

برادر / خواهر

safi / chafu

پاک / کثیف

kamilika / tokamilika

کامل / ناقص

siku / usiku

روز / شب

wafu / hai

مرده / زنده

pana / nyembamba

عریض / باریک

kulika / kutolika

خوراکی / غیر خوراکی

ovu / ema

عصبانی / دوستانه

sisimkwa / udhika

هیجان زده / کسل

nene / nyembamba

چاق / لاغر

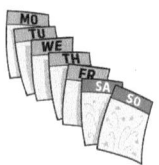

kwanza / mwisho

اول / آخر

rafiki / adui

دوست / دشمن

jaa / tupu

پر / خالی

ngumu / laini

سخت / نرم

nzito / nyepesi

سنگین / سبک

njaa / kiu

گرسنگی / تشنگی

mgonjwa / mwenye afya

بیمار / سالم

haramu / kisheria

غیر قانونی / قانونی

akili / kijinga

باهوش / احمق

kushoto / kulia

چپ / راست

karibu / mbali

نزدیک / دور

mpya / kutumika

نو / کهنه

kitu / jambo

هیچ چیز / چیزی

zee / changa

پیر / جوان

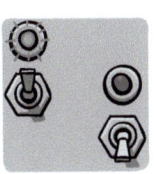

waka / zima

روشن / خاموش

wazi / fungwa

باز / بسته

utulivu / kelele

بی صدا / پر سر و صدا

tajiri / masikini

ثروتمند / فقیر

sahihi / kosa

صحیح / غلط

mbaya / laini

ناهموار / هموار

huzunika / furahia

غمگین / خوشحال

fupi /ndefu

کوتاه / بلند

polepole / haraka

آهسته / سریع

nyevu / kavu

تر / خشک

joto / baridi

گرم / سرد

vita / amani

جنگ / صلح

0
sufuri

صفر

1
moja

یک

2
mbili

دو

3
tatu

سه

4
nne

چهار

5
tano

پنج

6
sita

شش

7
saba

هفت

8
nane

هشت

9
tisa

نه

10
kumi

ده

11
kumi na moja

یازده

12

kumi na mbili

دوازده

13

kumi na tatu

سیزده

14

kumi na nne

چهارده

15

kumi na tano

پانزده

16

kumi na sita

شانزده

17

kumi na saba

هفده

18

kumi na nane

هجده

19

kumi na tisa

نوزده

20

ishirini

بیست

100

mia

صد

1.000

elfu

هزار

1.000.000

milioni

میلیون

Kiingereza

انگلیسی

Kiingereza cha Marekani

انگلیسی امریکایی

Kimandarini cha Uchina

چینی ماندارین

Kihindi

هندی

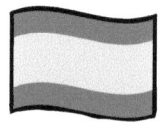

Kihispania

اسپانیایی

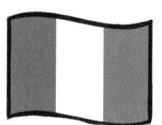

Kifaransa

فرانسوی

Kiarabu

عربی

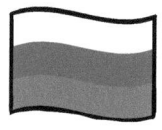

Kirusi

روسی

Kireno

پرتغالی

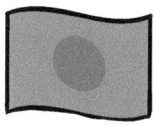

Kibengali

بنگالی

Kijerumani

آلمانی

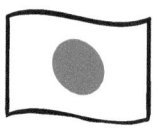

Kijapani

جاپانی

mimi

من

wewe

شما

yeye / yeye / ni

او / او / آن

sisi

ما

wewe

شما

wao

آن ها

nani?

کی؟

nini?

چی؟

jinsi gani?

چطور؟

wapi?

کجا؟

lini?

چه وقت؟

jina

اسم

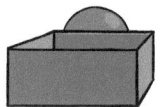

nyuma

عقب

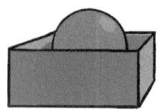

katika

در

mbele ya

پیش روی

juu ya

بالا

kwenye

روی

chini ya

زیر

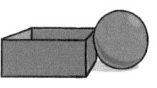

kando

پهلو

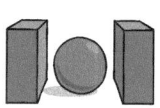

kati

میان

mahali

محل